Allen Houston von der Pro Rodeo Cowboys Association dehnt seine Steigbügel hinter den Gattern, in Scottsdale, Arizona, 1964

WIDMUNG:

Für Lex Connelly, der mich vor 50 Jahren mit seiner Liebe zum Rodeo ansteckte.

Und für Bruce Weber, den Meisterfotografen, dessen Elan und Unterstützung neue Horizonte eröffnete.

Rodeo

Seiten 2–3: **Hora de comida (Essenszeit)**, Willow Springs Ranch, Oracle, Arizona, 1966

Seite 4: **Matthew Terences Handschuh**, Yuma, Arizona, 1984

Seite 5: **Thurman Mays und Everett Brisendine**, Cowpunchers Reunion, Williams, Arizona, 1983

Links: **Roy Humble**, Amateur der Arizona Rodeo Association, Casa Grande, Arizona, 1963

Nächste Seite: **Matt Martin**, High School Rodeo Finals, Douglas, Arizona, 1974

Rodeo

Fotos und Text von

Louise L. Serpa

Anmerkungen von

Larry McMurtry

Ein APERTURE Buch
von

KÖNEMANN

Ricky Stock von der Pro Rodeo Cowboys Association, Willcox, Arizona, 1984

Skeeter im Staub, Roy „Skeeter“ Humble reitet beim Junior-Rodeo in Chandler ohne Sattel in einem Staubsturm, Arizona, 1964

Rodeo wird mit Adrenalin betrieben; geschaltet wird mit athletischem Können und Mut. Die Gewinnchancen sind nicht hoch, und die Bezahlung ist die niedrigste im Sport überhaupt. Ständiges Reisen, wenig Schlaf und körperliche Schmerzen führen zu einer frühen völligen Verausgabung vieler Männer. Nur wenige können es sich leisten, Rodeo hauptberuflich auszuüben und davon zu leben; die anderen nennt man „weekend warriors“ (Wochenend-Krieger). Es sind Männer mit einer festen Arbeit, die in ihrer Freizeit Rodeo reiten. Für alle bedeutet es Herausforderung, Freiheit und Kameradschaft ohnegleichen. Rodeo ist äußerst ausgleichend – Angeber, Rüpel oder Zaghafte finden hier keinen Platz. Kein Mut, kein Ruhm. Stöhnen oder Beschweren hilft nichts; jeder Reiter weiß eine noch härtere Geschichte zu erzählen. Es ist egal, wer man ist, womit man seinen Lebensunterhalt verdient, wieviel Geld man hat oder woher man kommt, solange man ein normaler Mensch ist und seinen Beitrag leistet. Wenn man mutig übt und sich selbst nie zu wichtig nimmt, kann man der größten nur vorstellbaren Bruderschaft angehören.

Meine Arbeit als Fotografin in der Arena besteht darin, jedes Öffnen der Gatter im Bild festzuhalten und niemals im Weg zu stehen. Das schlimmste, was passieren kann, ist, dem Geschehen in die Quere zu kommen. Es ist besser überrannt oder plattgewalzt zu werden, als die Bewegung eines Tieres zu beeinflussen. Man lernt schnell, von wo aus man die verschiedenen Wettkämpfe mit der Kamera einfangen und gleichzeitig den nächsten Zaun im Auge behalten kann, für den Fall, daß man schnell entkommen muß.

Die Rodeo-Ethik heißt: Mann gegen Tier und Mann hilft Mann. Nach 35 Jahren bekomme ich immer noch den Adrenalinschub, spüre die Aufregung, die Wärme alter Freundschaft; immer noch versuche ich dem Geschehen zuvorzukommen, und frage mich, ob ich wohl mit scharf eingestellter Kamera zur rechten Zeit am rechten Ort sein kann. Aus der Sicht des Fotografen ist Rodeo niemals statisch. Kein Ritt gleicht dem anderen, und die Konzentration darf keine Sekunde aussetzen. Eine wirklich verantwortungsvolle Aufgabe, denn in der Arena ist immer *irgendwo* irgend etwas los. Ein Spruch von mir lautet: „Paß nie nie auf“. Das ist zwar schlechtes Deutsch, aber ein guter Rat fürs Rodeo.

Rodeo macht vor keinem Wetter halt, ob Regen, Schneeregen, Schnee, Hitze oder Schlamm. Ich kann mich nur an eine einzige abgesagte Vorführung erinnern, und zwar herrschte eine derartige Überschwemmung, daß die Viehtransporter nicht zur Arena durchkamen. Ein anderes Mal ritt Roy „Skeeter“ Humble in einem Staubsturm, der so stark war, daß die Stopper nicht genug sahen. Das Rodeo wurde abgebrochen, und jeder suchte Schutz, um atmen zu können und das Ende des Sturms abzuwarten. Danach durfte Skeeter noch einmal reiten.

Vorhergehende Seiten: **Jim Roer**, von der Cowpunchers Reunion, Williams, Arizona, 1983

Links: **Kay Vamvoras**, Pro Rodeo Cowboys Association, Globe, Arizona, 1983

Rodeotiere – Stiere und bockende Pferde – und der Bestand auf Zeit – Kälber und junge Ochsen – sind für die erfolgreiche Organisation eines jeden Rodeos unerläßlich. Tierschützer bringen die Rodeo-Leute mit ihren Anschuldigungen der Tiermißhandlung zur Verzweiflung. Die Tiere werden nicht gequält. Sie werden besser gehalten, gefüttert, gepflegt, transportiert, tierärztlich untersucht und untergebracht als viele Haustiere. Das Vieh ist der Lebensnerv der Teilnehmer, deshalb müssen die Tiere gesund und in guter Verfassung sein. Wenn sie verletzt oder krank sind, bocken sie einfach nicht. Tatsächlich „arbeitet" das Vieh nur acht Sekunden pro Vorstellung; nicht viel, gemessen an den Haltungskosten.

Viele Pferde bocken von Natur aus; heutzutage werden manche sogar speziell dafür gezüchtet. Die Tiere sind wirkliche Athleten, und jedes Pferd und jeder Stier bewegt sich anders, zeigt sein eigenes Verhaltensmuster. Das Bocken unmittelbar nach Öffnung des Gatters ist bei einem Tier normalerweise immer gleich. Ein Cowboy, der es schon einmal geritten hat, kann dem nächsten Reiter Hinweise geben, ob das Tier sich nach links oder im Kreise dreht, ausschlägt, durchgeht oder etwas anderes tut. Auch hier ist die Kameradschaft unter den Männern bemerkenswert.

Viele Pferde sind einfach aus Spaß widerspenstig. Manch griesgrämiges Sattel-Pferd, dem bisher niemand das Bocken austreiben konnte, wird in die Arena gebracht, um zu sehen, was passiert. Einige dieser Tiere bocken sowohl mit als auch ohne Gurt, ein um die Taille des Tieres befestigter verstellbarer Lederriemen. Wenn dieser zu fest gezogen ist, ist es gut möglich, daß das Tier das Bocken völlig verweigert oder einfach in der Toröffnung stehen bleibt. Wenn der Riemen jedoch ordentlich eingestellt ist, zwickt er das Tier nur ein bißchen, ohne Schmerzen zu verursachen – dies ist ein Ärgernis, das das Pferd durch sein „Aufbäumen" abzuschütteln versucht.

Es gibt zwei Arten von Wettkämpfen: die Wettbewerbe mit wildem Vieh (Bullenreiten, Reiten auf Wildpferden mit und ohne Sattel) und die Wettbewerbe, bei denen die Teilnehmer möglichst lange durchhalten müssen (Mannschafts-Lassowerfen, Einfangen von Kälbern mit dem Lasso und Ringen mit jungen Ochsen, auch „bulldogging" genannt). Bei allen vier Fällen wird das Vieh per Losnummer aus einem Hut zugeordnet. Es gibt zwei Schiedsrichter, die das Los für jeden Wettkämpfer ziehen; dies geschieht vor dem Rodeo-Schriftführer, der sicherstellt, daß kein Reiter zweimal hintereinander auf dem gleichen Tier teilnimmt. Es ist Glückssache; auf manchen Pferden und Stieren kann der Reiter trotz Talent und Bemühung nicht hoch genug für einen Sieg punkten. Bei den Wettkämpfen auf Zeit kommt es darauf an, wie direkt und wie schnell die Tiere laufen. Sekunden entscheiden über Sieg und Niederlage.

Alle Reiter ohne Sattel und die Bullenreiter tragen an ihrer Reithand, links oder rechts, einen Lederhandschuh. Sowohl Handschuh als auch Ledergriff (der aussieht wie ein Kofferhenkel), für das Reiten ohne Sattel sind mit Harz eingerieben, damit der Reiter nicht so leicht abrutscht.

Beim Bullenreiten besteht die einzige Verbindung des Reiters zum Stier aus einem Flechtriemen aus ungegerbtem Leder, mit einer Schlaufe an einer Seite. Ein Helfer zieht den Gurt über der offenen Hand des Reiters fest, und dann zurück über seine Handfläche. Damit bleibt die Spannung erhalten, wenn der Reiter eine Faust macht. Oft schlägt der Reiter mit seiner freien Hand auf die Faust, damit das Harz besser an Handschuh und Riemen haftet. Wenn sich die Hand durch die Kraft des Stieres öffnet, lockert sich der Riemen und der Reiter fällt.

Die einzigen Kontaktstellen zum Pferd beim Reiten ohne Sattel sind die Hand des Mannes im Ledergriff und sein Hinterteil. Seine Beine sollten sich den Bewegungen des Pferdes anpassen. Sie gehen nach vorne, wenn das Pferd den Kopf senkt und nach hinten, wenn sich das Pferd aufbäumt. Mit der freien Hand hält er das Gleichgewicht. Wenn diese während der acht Sekunden das Pferd auch nur einmal berührt, ist der Reiter disqualifiziert. Die Schiedsrichter legen viel Wert darauf, wie ein Mann mit seinem Pferd umgeht. Sie achten auf Beinarbeit, Gleichgewicht, und ob er das Pferd zum stärkeren Bocken bringt. Es gibt zwei Richter, und jeder verleiht bis zu 50 Punkte: 25 für die Art des Bockens (was die Schwierigkeit des Ritts bestimmt), und 25 für den Ritt selbst. Ein guter Mischwert liegt bei 80. In Ausnahmefällen werden auch 90 erreicht.

Die Punktevergabe beim Bullenreiten funktioniert ebenso, aber die Reittechnik ist anders. Hier rutscht der Mann, wenn er den Riemen in seiner geballten Faust hält, vorwärts auf dem Stier, bis seine Hand fest an seinem Schritt anliegt. Die Beine sind gebeugt, die Zehen zeigen nach außen, die freie Hand nach oben. Dann nickt er als Zeichen zum Öffnen des Gatters. Der Stier bewegt sich völlig anders als das Pferd. Die Haut des Tieres ist so beweglich, daß der Reiter seine Beine fest am Körper halten muß, um das Gleichgewicht zu halten und nicht herunterzufallen. Wenn er mit dem Rhythmus geht und dem Stier leicht die Sporen gibt, erhöht das zwar seine Chancen auf mehr Punkte, aber auch das Risiko, vor Ertönen des Schlußpfiffs abgeworfen zu werden.

Wildpferdreiten mit Sattel ist wieder etwas anderes. Jeder Cowboy besitzt seine eigene Ausrüstung, den sogenannten „association saddle" – der im wesentlichen wie ein Western-Sattel aussieht, aber kein Sattelhorn hat. Steigbügel und Sitz sind jeweils maßgefertigt. Das Pferd hat ein Halfter mit einem Bockzügel – ein schwerer Riemen – daran, welchen der Reiter mit jeweils einer Hand halten kann.

Rechts: ***Fehlkalkulation***, Clay West verschätzt sich beim Ringen mit dem jungen Ochsen, Pro Rodeo Cowboys Association, Tucson, Arizona, 1983

Hier sind Gleichgewicht und Gewicht auf das Hinterteil des Cowboys verteilt – so fest wie möglich im Sattel – und seine Füße in den Steigbügeln. Wenn der Reiter die Zügel zu kurz faßt, zieht das Pferd ihn nach vorne über den Kopf; läßt er sie zu lang, fällt er hinten hinunter. Für einen guten Ritt ist der richtige Griff entscheidend.

Bei den Wettkämpfen der Wildpferde – mit und ohne Sattel – befindet sich je ein Schiedsrichter auf beiden Seiten des Gatters, um sicherzugehen, daß der Cowboy das Pferd „markiert". Das bedeutet, daß die Fersen des Reiters zum Zeitpunkt der Toröffnung und des Startens der Uhr auf den Schultern des Pferdes liegen müssen. Falls das nicht der Fall ist – wenn auch nur ein Bein nicht auf der Schulter liegt – geht die gelbe Straffahne nach oben und der Schiedsrichter sieht einfach weg; der Reiter wird sofort disqualifiziert.

Ein Wettkampf, der wirklich die Fairneß beim Rodeo zeigt, ist das Ringen mit jungen Ochsen. Der Mann, der mit dem Jungtier ringt, kommt nach seinem Kampf zurück und „lenkt ab" für den Mann, der ihm vorher half. „Ablenken" heißt, den Ochsen in der Nähe des Ringers zu halten. Das Tier kommt zwischen zwei Pferden aus dem Tor. Der Mann zur rechten des Ochsen – der Ablenker – hält das Tier dicht am anderen Pferd, damit der Ringer in einem guten Winkel von seinem Pferd auf den Ochsen springen kann. Das Ablenken ist ein wesentlicher Teil bei Rodeo-Wettkämpfen.

Das Ringen ist sehr anstrengend. Auf dem Bild „Fehlkalkulation" läßt sich ablesen, wie hart es ist. Der abgebildete Reiter geht direkt zu Boden. Er hat das linke Horn mit seinem linken Arm, welcher hinter dem Horn sein sollte, völlig verfehlt. Und er fällt bei einer Geschwindigkeit von über 50 km/h herunter; die Arena ist wirklich sehr hart bei diesem Tempo. Der Ablenker ist hier nicht mehr zu sehen, nachdem er den Ochsen vor dem Sprung nahgehalten hat. Doch das Tier wich etwas zurück, der Ringer verfehlte es und stürzt deshalb ungebremst vom Pferd.

Viele Leute sagen zu solchen Kämpfen: „Oh, wie gemein gegenüber dem Tier!" – Gemein zum Tier? Es ist das schlimmste für das menschliche Knie (obwohl der Mensch es freiwillig tut), denn man bremst den Ochsen dort unten mit seinen Beinen aus, über 50 km/h auf rauhem Boden. Leicht wird man von den Hörnern aufgespießt, wenn man sich bei einem der oben genannten Vorgänge verschätzt. Und der Ochse wiegt 500 oder 600 Pfund.

Jeder junge Ochse hat eine Laufgewohnheit oder ein Muster, genauso wie die Pferde oder Stiere beim Bocken. Der Rodeo-Schriftführer bringt eine Liste an mit den Namen derer, die den Ochsen zuletzt hatten; davon kann man ablesen, wie weit der Reiter in die Arena hinunterkam, wie lange er brauchte, wie schwer es war, ihn umzuwerfen. Je nach Arena sind fünf Sekunden vom Verlassen des Tores bis zum Moment, in dem das Tier mit allen vier Beinen am Boden liegt, eine gute Zeit.

Das Ringen tut dem Ochsen nicht weh. Die meisten „Bulldogger" sind schwer; wir reden von 200 Pfund und mehr. Und diese Masse ist auch nötig, um einen Ochsen umzuwerfen. John W. Jones war dreimal Landesmeister. Sein Vater war Ringer, als ich in den sechziger Jahren zu fotografieren anfing, und war vor ihm Landesmeister. Mit nur 185 Pfund ist John zwar nicht besonders kräftig, aber er gleicht dies durch athletisches Können und gutes Timing aus. Er kann auf den Ochsen hinüberwechseln, und dann den Schwung des Tieres und seine Geschwindigkeit nutzen, um es umzukippen. Diese Burschen müssen absolut erstklassige Athleten und in bester Form sein.

Normalerweise sind Stierreiter ziemlich klein. Lange Beine sind bei diesem Wettkampf oder beim Reiten ohne Sattel nicht hilfreich. Es kommt auf die Standfestigkeit und Kondition, aber auch auf den Mut an. Die Reiter gesattelter Wildpferde sind üblicherweise größer. Nur selten nehmen Männer an allen Wettkämpfen mit Wildvieh teil. Darum ist Ty Murray, derzeitiger Champion, einzigartig; er wirft sogar Lasso.

Von vier Pferden gezogene Küchenwagen fahren in Vorläufen um die Wette. Ich glaube, es gibt nur zwei Orte, wo Küchenwagenrennen durchgeführt werden: in Cheyenne und in Calgary. In Calgary laufen vier Wagen gleichzeitig auf der Rennbahn. Es gibt meistens vier Vollblutpferde pro Mannschaft. Die Wagenlenker sind gerissen, clever und sehr, sehr aggressiv.

Heutzutage werden Wildpferde-Rennen in Prescott und Calgary abgehalten. Jede Mannschaft besteht aus drei Männern. Die Tore öffnen sich gleichzeitig, die Pferde kommen heraus und die Männer müssen versuchen, den Pferden den Sattelgurt anzulegen. Einer der Männer sitzt auf und reitet, so gut er kann, zum Ende der Arena, während das Pferd sein bestes gibt, ihn abzuwerfen.

Seiten 20–21: **Küchenwagenrennen**, Calgary Stampede, Calgary, Alberta, Kanada, 1983

Winston
odeo Series

Doug Houston ist der Sohn von Allen Houston. Er ist die zweite oder dritte Generation in der Familie, die von Kindesbeinen an beim Rodeo mitmacht. Auf dem Bild läßt sich erkennen, in welcher Position sich die Arme, ist das Tier erst einmal fast gestoppt, zu den Hörnern befinden, und wie der Cowboy den Ochsen herumdreht, um ihn mit allen Vieren zu Boden zu bringen.

Während meiner Zeit beim Professional Rodeo in Tucson war Allen Houston einer der ersten, die ich dabei fotografierte, wie er beim Wildpferdreiten in wirkliche Schwierigkeiten geriet. Sein Pferd bäumte sich im Gatter auf und fiel rückwärts über ihn hinweg. Für diese Fälle hat der sogenannte „association saddle“ übrigens kein Horn. Hätte er eines, würde Allen ernste innere Verletzungen davongetragen haben, dieses Horn würde ihm geradezu den Bauch aufschlitzen. Ich stand vor dem Gatter und fotografierte. Als ich das sah, ließ ich die Kamera fallen. Ich hatte solche Angst, er könnte getötet werden, daß ich vergaß, den Auslöser zu betätigen. Allen rief mich später vom Krankenhaus aus an und fragte: „Hast du das Foto?“ Ich sagte: „Nein, ich war zu sehr in Sorge um dich.“ „Das ist mir vielleicht eine große Hilfe“, sagte er. „Ich wollte sehen, was ich durchgemacht habe!“

Mannschafts-Lassowerfen ist genau das, was der Name besagt. Eine Mannschaft aus zwei Männern (ein Vorder- und ein Hintermann) arbeitet zusammen, um einen Ochsen mit dem Lasso einzufangen. Aber auch die Männer und ihre Pferde bilden ein Team. Jeder Durchgang erfordert absolutes Vertrauen, Sportlichkeit, Instinkt und schnelle Reflexe, das alles binnen sechs Sekunden, was bei diesen Wettkämpfen als gute Zeit gilt. Mannschafts- und Kälber-Lassowerfen wird immer noch beim Herdenzusammentreiben auf freiem Feld praktiziert; dort draußen gibt es keine Weidezäune oder Gatter, und es ist wichtig, die Tiere möglichst streßfrei einzufangen, wenn sie mit Brandzeichen versehen oder tierärztlich versorgt werden müssen.

Clay O'Brian Cooper (den ich als Junior-Rodeo-Lassowerfer kennenlernte) und Jake Barnes waren zusammen sechsmal Weltmeister – ein Rekord. Vor einiger Zeit trennten sie sich vorübergehend für ein Jahr, jeder hatte einen anderen Partner. Ich bin sehr froh, sie wieder zusammen zu sehen, denn sie bilden ein wirklich wunderbares Team. Wenn zwei Männer so eng zusammenarbeiten, müssen sie aufeinander abgestimmt sein; sie müssen sich sehr gut kennen und verstehen.

In der Arena beginnt die Zeitmessung beim Mannschafts-Lassowerfen, wenn der Vordermann das Gatter verläßt und eine Schlinge um die Hörner des Tieres wirft, die andere am Sattelhorn befestigt und dann nach links reitet. Währenddessen nähert sich sein Partner, der Hintermann, von hinten und legt eine sogenannte „Falle“, eine Schlinge um die Hinterfüße des Stieres. Die Vorwärtsbewegung des Vordermannes zieht den Ochsen in die Falle, und der Hintermann strafft sofort ruckartig das Lasso, wobei beide Hinterfüße eingefangen werden. Dieser Teil des Rodeos geht so rasant vor sich, daß ich schon vor dem Geschehen auf den Auslöser drücken muß, um nicht den richtigen Zeitpunkt zu verpassen. In diesem Bruchteil einer Sekunde ist das Lasso straff um das Sattelhorn gebunden, der Vordermann dreht sich um und sieht das Tier an, und die Fahne kommt herunter, sobald der Ochse auf dem Boden liegt.

Seiten 22–23: **Wildpferd-Rennen**, Prescott, Arizona, 1984

Douglas Houston beim Ringen der Pro Rodeo Cowboys Association, Tucson, Arizona, 1991

Unten: **Carter Rogerson** von der Pro Rodeo Cowboys Association, beim „langen Griff" nach seinem Ochsen, Sonoita, Arizona, 1991

Auf diesem Bild von Kim Roberts beim Ochsenringen hält dieser seine linke Hand an einem Horn, und sein rechter Arm greift von unten um das andere Horn herum, mit seinem linken Bein hat er sich abgestoßen, und wenn es am Boden ist, wird es das Tier stoppen. Das Pferd ist darauf dressiert, nach Absprung des Reiters leicht nach links abzudrehen, damit dieser den Ochsen stoppen und nach unten ziehen kann. Gelegentlich wird der Reiter „aufgehängt". Sein Fuß rutscht durch den Steigbügel, und das Pferd zieht ihn wieder vom Ochsen herunter. Es läuft einfach weiter und zieht den Mann so lange mit, bis er seinen Fuß befreien kann.

In Yuma habe ich jemanden dabei direkt vor meinen Augen sterben sehen. Es ist entsetzlich zu beobachten, wie das Pferd den Reiter schleift, und dabei nichts tun zu können. Er war schon tot, ehe er das Ende der Arena erreicht hatte, da er direkt unter das Pferd geriet und dieses ihn in Panik einfach zu Tode trampelte. Kürzlich sah ich etwas ähnliches in Sonoita, aber glücklicherweise konnte sich der Reiter befreien. Der Schuh rutschte vollständig durch den Steigbügel, löste sich aber vom Fuß; der Mann schlug zwar am Boden auf, aber er lebte. Das Pferd war durch die Vorgänge unter ihm derart in Panik geraten, daß es versuchte, aus der Arena zu springen. Ihm geschah nichts, aber für den Reiter hätte es das Ende sein können.

Rechts: **Kim Roberts** beim Ochsenringen der Pro Rodeo Cowboys Association, Tucson, Arizona, 1985

GLOBEST

RODEO

Seite 28, oben: **Marvin Hudson** zieht hier das Kalb für seinen Vater beim Mannschafts-Lassowerfen der Pro Rodeo Cowboys Association, Willcox, Arizona, 1982
Unten: **Roy Cooper** als Vordermann, während Ed Gaylord eine Fersenschlaufe legt, Pro Rodeo Cowboys Association, Tucson, Arizona, 1985

Seite 29: **Travis Howe** löst seine Handschuhe bei den Turquoise Circuit Finals, Tucson, Arizona, 1993

Seiten 30–31: **Brian Lopresto** beim Kälber-Lassowerfen der Pro Rodeo Cowboys Association, Willcox, Arizona, 1993

Heutzutage ist Rodeo vor allem ein Wettkampf richtiger Athleten. Da gibt es nicht annähernd soviel Spaß wie damals bei uns! Es wird die ganze Zeit trainiert. Kein Trinken, Rauchen, Feiern und Unsinn machen; dafür ist keine Zeit. Die Cowboys müssen ausgeruht und körperlich topfit sein. Nach Verletzungen, die natürlich auch vorkommen, müssen sie in Behandlung bleiben und Dehnübungen machen. Der Reiter auf diesem Bild streckt seine Unterleibsmuskeln sowie die Kniesehnen. Sich vor dem Start aufzulockern, ist wichtig für einen guten Ritt. Die Clowns (in diesem Falle Stierkämpfer) tun dasselbe, denn sie müssen schnell auf den Beinen sein, wenn Stierreiter in Schwierigkeiten geraten und sich verfangen, oder der Stier sich umdreht und angreift. Sie müssen ständig einsatzbereit und körperlich fit sein. Aufwärmen und beweglich bleiben ist unerläßlich.

Das Vieh für die Rodeos wird von staatlich lizensierten Lieferanten geliefert, die von klugen, hart arbeitenden Ausschüssen des jeweiligen Ortes unter Vertrag genommen werden. Früher gab es nur drei oder vier wichtige Vertragspartner in ganz Amerika; jetzt sind es mehr als 20 pro Rodeo. Das Wildvieh gehört den Lieferanten, und normalerweise werden die Kälber und die jungen Ochsen für die festgesetzten Wettkämpfe von einem Subunternehmer ausgeliehen oder gemietet. Gutes Vieh ist wichtig, denn es zieht gute Cowboys an.

Links: **Reiter beim Auflockern und Dehnen** bei den Turquoise Circuit Finals, Tucson, Arizona, 1993

Lynn Beutler ist der König unter den Viehzüchtern. Er ist Ende 80 und hat sein Reich seinem Neffen Bennie übertragen. Lynn war immer ein großer Gentleman und ein Kenner guter Pferde und Stiere. Sonny Linger arbeitete jahrelang für Lynn als sein Vieh- und Torgeschäftsführer. Er kannte sich mit bockenden Tieren in der Arena gut aus und hatte auch eigene Pferde und Wildpferde in Wyoming. Lynn lebt noch, erfreut sich aber leider nicht bester Gesundheit. Es wird ein Verlust sein, wenn er aus dem Rodeo ausscheidet, denn er ist wahrhaftig eine Legende.

Sonny Linger und Lynn Beutler (auf dem Pferd) von der Pro Rodeo Cowboys Association, Phoenix, Arizona, 1965

Eine der ersten Fotoserien in meinem Leben machte ich mit Jim Mihalek auf dem Pferd Hud. Damals hatte ich noch keine motorbetriebene Kamera, aber auch mit dem handbetriebenen Apparat konnte ich fünf Bilder bei einem Acht-Sekunden-Ritt schießen, ohne daß sie beim Aufziehen zu sehr verwackelten.

Jim wurde bei diesem Ritt nicht abgeworfen. Das Traurige an der Sache war, daß er das Pferd beim Öffnen des Gatters nicht markierte, er hatte seine Füße nicht oben. Jeder wußte, daß es ein hervorragender Ritt war, aber wegen dieser Regelübertretung bekam er keine Punkte.

Diese Bilder zeigen, wie athletisch Mann und Tier sein müssen, um bei solchen Bewegungen zu bestehen.

Was man beim Rodeo nicht tun sollte (man wird dafür sogar bestraft), ist, sich am Pferd festzuschnallen. Beim Reiten ohne Sattel können die Finger des Reithandschuhs etwas länger als die eigenen sein. Sogar wenn der Handschuh richtig paßt, können die Finger durch das Leder verlängert werden. Sobald man die Hand in den Griff geschoben hat, stopft man diese Verlängerung für besseren Halt zurück. Wenn man abgeworfen wird und sich die Hand nicht löst, ist man in großen Schwierigkeiten. In diesem Fall kommen die „pick-up men", genannten Helfer zum Einsatz. Diese Männer reiten zu den Wettkämpfern und holen sie sicher vom Pferd. Sie sind wahre Lebensretter. Wenn der Ritt abgeschlossen ist und der Reiter nicht abgeworfen wurde, nähern sie sich auf beiden Seiten des bockenden Pferdes, lösen den Rumpfgurt und heben den Mann herüber, ohne daß er auf dem Boden auftreffen muß. Auch wenn der Cowboy am Pferd festhängt, muß der „pick-up man" das Pferd zu stoppen versuchen. Dabei begibt er sich zwischen sein eigenes und das Pferd des anderen Mannes, um dessen Hand zu befreien.

Oben: **Jim Mihalek** von der Pro Rodeo Cowboys Association reitet das Pferd Hud der Beutler-Brüder (zweiter Sprung), Tucson, Arizona, 1971

Rechts: **Jim Mihalek** reitet Hud, derselbe Ritt, fünfter Sprung, Pro Rodeo Cowboys Association, Tucson, Arizona, 1971

Yates Dixon reitet ein Kalb während der Cowpunchers Reunion, Williams, Arizona, 1983

Das Junior-Rodeo (wo ich 1960 mit meiner 27 Dollar teuren Argus-C3-Kamera begann) hat die meisten Stars des Pro-Rodeo-Zirkels hervorgebracht. Die beiden Junioren-Verbände, Little Britches und der Arizona-Junior-Rodeo-Verband (AJRA), sind gute Versuchsfelder. Junioren-Rodeo ist in drei Altersgruppen unterteilt: in 5- bis 12jährige, 13- bis 15jährige und 16- bis 18jährige. Die meisten der teilnehmenden Kinder und Jugendlichen stammen aus Rodeo-Familien der zweiten oder dritten Generation. Sie werden sehr früh geradezu süchtig. Junior-Rodeo ist sehr familienorientiert. Väter und Mütter werfen mit ihren Kindern Lasso, bringen ihnen das Reiten bei, zelten mit ihnen bei den Arenen, trainieren sie, feuern sie an und bilden über die Jahre enge Freundschaften.

In den frühen Sechzigern war ich im Gründungsausschuß des AJRA. Zu jener Zeit war das Vieh von unterschiedlicher Qualität, und die Jury hatte Probleme. Deshalb gründeten einige Eltern und andere Betroffene diese Organisation und legten ein Regelbuch an, um den Kindern gleiche Chancen einzuräumen.

Die nächste Stufe ist das Highschool-Rodeo mit einem eigenem, sehr starken Verband, welcher auch einen Landesendausscheidungs-Wettkampf durchführt. Danach kommt das Rodeo auf College-Level, organisiert durch die National Intercollegiate Rodeo Association (NIRA). Manche Colleges bieten Rodeo-Teilnehmern nun Stipendien an.

In sämtlichen dieser Kategorien von Rodeo-Wettkämpfen entwickeln junge Menschen eine Art von sportlicher Fairneß, die bei keinem anderen Sport zu finden ist. Viele dieser Kinder gehen vom College direkt zum Pro Rodeo (nachdem sie 2500 Dollar bei einem Wettkampf gewonnen haben; damit qualifiziert man sich für eine Zulassung zur Pro Rodeo Cowboys Association oder PRCA).

Als ich damals meine Erlaubnis erhielt, Profis in jeder Arena zu fotografieren, fand vielleicht ein Rodeo pro Woche im ganzen Land statt. Heutzutage sind es an manchen Wochenenden bis zu zehn. Und darum wurde das sogenannte „Zirkel-System" eingerichtet. Bei 6000 Karteninhabern plus den Zugelassenen, werden 12 Zirkel zur Durchführung der kleinen Rodeos benötigt. Dieses System ermöglicht nun ca. 800 Rodeos pro Jahr, welche ihren Abschluß in den Landeszirkel-Endausscheidungen findet. Rodeo ist zu einem gewaltigen Geschäft geworden.

Twila Hamman beim Faßlauf, Arizona Junior Rodeo Association, Globe, Arizona, 1968

Beim professionellen Rodeo ist das Faßlaufen der einzige Wettkampf, an dem auch Frauen teilnehmen. Dabei kommt es darauf an, in Sekundenschnelle um drei kleeblattförmig aufgestellte Fässer herumzureiten. Es gibt einen Rodeo-Verband für Frauen, der alle Wettkämpfe, auch mit Wildvieh, für Frauen erlaubt; beim Amateur-Rodeo reiten Frauen beim Mannschafts-Lassowerfen, und sie sind sehr geschickt.

Heutzutage gibt es bei den meisten Rodeos einen sogenannten „Slack". Dieser ist für die Teilnehmer der Wettkämpfe, in denen es auch um die Zeit geht, unentbehrlich. Slack ist ein Wettkampf mit Schiedsrichtern, der vor den öffentlichen Wettkämpfen durchgeführt wird. Beim Rodeo zum Beispiel gibt es so viele Bewerber für die Wettkämpfe auf Zeit, daß vor den eigentlichen Wettkämpfen ein Durchgang veranstaltet wird, damit alle eine Chance haben. Montagmorgen bei Sonnenaufgang treten alle angemeldeten Lassowerfer, Stierringer und Faßläufer gegeneinander an, nur einmal. Am nächsten Tag gibt es für die Langsameren einen zweiten Durchgang. Der Rest der Teilnehmer, etwa zehn pro Wettkampf, reitet dann vor dem Publikum. Die Gewinne werden an die Cowboys mit den Bestzeiten in den einzelnen Runden sowie an die Reiter mit den besten Durchschnittszeiten aller Durchgänge ausgezahlt.

Mittlerweile, da es so viele Mitstreiter bei Rodeos gibt, ist im Vorfeld alles per Computer organisiert; damit können die Reiter an vier oder fünf Rodeos pro Wochenende teilnehmen. Viele Topfavoriten tun das am Wochenende des 4. Juli, das in „Cowboy Christmas" umbenannt wurde. Ein Mann nimmt an seinem Wettkampf teil und eilt zum Flughafen, um zum nächsten Rodeo zu fliegen, manch einer besitzt oder mietet sogar ein eigenes Flugzeug. Die Pferde dürfen nicht mitfliegen, deshalb lassen die Männer ihre Tiere vorab zu einem bestimmten Rodeo transportieren, und fliegen dann zum Wettkampf ein. Wenn ein Mann auf dem Pferd eines anderen gewinnt, zahlt er dem Besitzer einen Prozentsatz seines Gewinnes. Wildvieh-Reiter steigen einfach ins Flugzeug, fliegen los und hoffen, rechtzeitig anzukommen. Ihr gesamtes Vieh wird vor ihnen dorthin gebracht. Sie versuchen natürlich, die vielen Rodeos, an denen sie teilnehmen, zeitlich aufeinander abzustimmen.

Oben: **Yates Dixon** reitet sein erstes Kalb bei der Cowpunchers Reunion, Williams, Arizona, 1983
Unten: **David Motes** als „Hintermann“ für seinen Vater Glen Motes, Arizona Junior Rodeo, Mesa, Arizona, 1964. David war elfmal Finalist bei der Landesendausscheidung der PRCA.
Rechts: **Nachwirkungen**, Cole Goulds Wunde wird nach seinem Kalbsritt untersucht, Cowpunchers Reunion, Williams, Arizona, 1983

Oben: **Pat Kirby reitet Dew Britches**, Pro Rodeo Cowboys Association, Yuma, Arizona, 1983
Rechts: **Gerald Farr auf Widow Maker**, Arizona Rodeo Association, Ajo, Arizona, 1963

Die Bilder von Pat Kirby beim Reiten auf Dew Britches lassen erahnen, was der Reiter zu tun hat. Er macht dem Pferd Tempo, indem er sich mit seinen Sporen von den Schultern des Pferdes nach hinten bewegt. Dem Pferd tut das nicht im geringsten weh, aber es läßt den Reiter besser aussehen, und er bekommt mehr Punkte, da er dem Pferd „einheizt". Jeder hat einen anderen Stil. Manche glauben, daß sie, wenn sie fast auf dem Pferderücken liegen, mehr mit den Beinen arbeiten können; viele andere sitzen vorne. Jeder hat seinen eigenen Stil, ebenso wie jedes Pferd seine Art zu bocken hat. Der Wettkampf besteht darin, das Pferd soviel wie möglich bocken zu lassen, und gleichzeitig selbst soviel Stil wie möglich zu beweisen. Der Kampf ist eine Kombination aus allem. Nichts ist vorhersehbar; das ist das Aufregende. Man weiß nie, was passieren wird, weder der Fotograf noch der Reiter. Man lehnt sich nie zurück und denkt: „Schon wieder das gleiche", denn nichts ist gleich. Jeder Durchgang ist eine neue Herausforderung.

Widow Maker bäumte sich jedesmal auf, wenn sie aus dem Tor kam, aber ich sah sie nie nach hinten umfallen. Wenn man auf Gerald Farrs Beine auf dem Bild achtet, sieht man, daß sie sich genau dort befinden, wo sie hingehören; der Tatsache zum Trotz, daß er buchstäblich waagerecht hängt. Als das Pferd endlich aus dem Gatter draußen war, bockte es nicht mehr besonders, deshalb begannen die Cowboys, es zu hassen, denn man konnte auf ihm nicht sehr hoch punkten.

Auf den folgenden Seiten ist ein Bild von Lewis Feilds Hintern. Es ist ein sehr berühmter Hintern. Feild steht hinter seinem gesattelten Wildpferd in Yuma. Er war drei Jahre lang, glaube ich, sogar Weltmeister. Lewis' Schwiegermutter ist eine der besten Rodeofotografinnen. Sie war die erste Frau, die als professionelle Fotografin zur Landes-Endausscheidung 1982 zugelassen wurde.

Was Lewis tatsächlich auf dem Bild macht, ist Beten, ehe er auf sein Pferd steigt. Viele machen das. Rodeo-Reiter sind sehr religiös.

Viele Jungs putschen sich vor dem Ritt auf; entweder hyperventilieren sie, schlagen sich selbst fest auf die Wangen, und ich meine wirklich fest, oder machen Sprungübungen. Dies ist nötig, um die Adrenalinausschüttung anzukurbeln. Es kräftigt. Sehr oft steige ich aus der Arena und Blut tropft von meiner Hand oder meinem Schienbein, und ich habe keine Ahnung, was passiert ist. In dem Moment tat es nicht weh, und ich war zu konzentriert, um darauf zu achten. Und ich glaube, das gleiche gilt für die Reiter. Sie wetzen manchmal mit dem Knie am Tor, wenn es nicht weit geöffnet ist, und müssen weiterreiten, egal ob ihre Kniescheibe herausgesprungen ist oder nicht.

Sobald man die Arena betritt, steigt der Adrenalinspiegel schlagartig. Ich fühle mich jedesmal zehn Jahre jünger, wenn ich aus einer Arena herauskomme, egal wie müde ich zu Beginn war.

Folgende Seiten: ***Der Hintern von Lewis Feild***, aufgenommen hinter den Gattern, Pro Rodeo Cowboys Association, Yuma, Arizona, 1984

Aufklappbares Bild: **Dennis Mann reitet Soldier**, Pro Rodeo Cowboys Association, Cave Creek, Arizona, 1983

Die sogenannte „Cowpunchers Reunion“ besteht aus Helfern der Viehwirtschaft, die am ersten Wochenende im August in Nord-Arizona gegeneinander antreten. Diese Wettstreiter können nicht gleichzeitig Mitglieder der PRCA sein, und die Wettkämpfe unterscheiden sich merklich von den regulären Rodeos. Als ich die Show 1983 aufnahm, wurden keine Gatter benutzt. Die Wildpferde wurden von zwei berittenen Männern in der Mitte der Arena gehalten. Die Väter hielten die Kälber, während ihre Kinder daraufgesetzt wurden, um so weit wie möglich zu reiten. Das war wie der Inbegriff des Rodeos der guten alten Zeit und des freundlichen Wettstreits.

Cowpunchers, Williams, Arizona, 1983

TUCS

Kevin Small und Cotton Eye, Pro Rodeo Cowboys Association, Tucson, Arizona, 1989

Links: **Billy Neal**, Arizona Rodeo Association, Sonoita, Arizona, 1963

Seite 52: **John Welsh auf Little Britches**, Pro Rodeo Cowboys Association, Scottsdale, Arizona, 1984

Seite 53: **Danny O'Haco**, Reiter ohne Sattel der Pro Rodeo Cowboys Association, Tucson, Arizona, 1981

AYCEES
PA
Ariz

Rodeo Ranch
BRAND

Vorhergehende Seite: ***Rückenansicht*** von Cowboys, die beim „Slack“ zuschauen, Tucson, Arizona, 1986

Links: **Deb Greenough** richtet vor dem Ritt seine Ausrüstung für das Reiten ohne Sattel her, Pro Rodeo Cowboys Association, 1993.
Deb nahm an jenem Wochenende an vier Rodeos teil und war auf dem besten Weg, Weltmeister ohne Sattel zu werden, Prescott, Arizona, 1993

Es gibt ein Image, das die Jungs unbedingt wahren müssen: lange Ärmel und Hut, ordentlich sauber, wie jede andere Sportbekleidung auch. Man kann in der Arena nicht in T-Shirt oder mit Baseball-Mütze antreten. Auf dem Foto *Rückenansicht* stehen sie während des „Slack“ in einer Reihe und sehen zu. Vielleicht gibt es dort ein oder zwei Männer in kurzen Hemdsärmeln, aber in der Arena ist das ein absolutes Tabu.

Wir nannten Charlie Sampson „Pee-Wee“. 1982 wurde er Weltmeister. Er reitet zwar noch immer, aber mittlerweile hat er seinen Rücktritt angekündigt. Er wird die neuen, großen „Stier-Oramas“, oder Stierritt-Wettkämpfe lehren, produzieren und veranstalten. Charlie ist noch nicht alt, aber das Leben eines Stierreiters ist wegen der vielen Verletzungen in der Arena nicht allzu lang. Die meisten Stierreiter reiten nur bis Mitte dreißig.

Jetzt ist er *Charles* Sampson. „Pee-Wee“ gibt es nicht mehr; nicht einmal mehr „Charlie“. Er ist Charles. Jahrelang nannte er mich „Lucille“. In Calgary sagte ich schließlich zu ihm: „Ich mache dir einen Vorschlag. Wenn du mich Louise nennst, nenne ich dich Charles.“ Wir sind seit langem Freunde. Er hat ein großes Herz.

Chuck Henson mag ich besonders – er ist die zweite von drei Generationen seiner Familie, die ich kenne und fotografiert habe. Seine Mutter und seine Tante waren die sogenannten „Greenough Girls“. Alice und Marge kamen aus Montana. In den zwanziger und dreißiger Jahren ritten beide Frauen Wildpferde, und sie sind immer noch dabei.

Chuck ist Marge Greenough Hensons Sohn. Er ist bestimmt 30 Jahre lang geritten. Chuck und seine Frau Nancy haben zwei Töchter, Nancy Jane und Leigh-Ann, die Eric Billingsley heiraten wird. Billingsley ist ein Wildpferd-Reiter, und so werden die beiden alle Arten von kleinen Wildpferd-Reitern und Faß-Läufern hervorbringen. Chuck „ging in Pension“; aber das hat er mindestens schon so oft getan wie ich selbst.

Oben: **Charles Sampson**, Tucson, Arizona, 1982
Unten: **Chuck Henson** war 30 Jahre lang Pro Rodeo-Clown, Sonoita, Arizona, 1989

RODEO ASSOCIATION

Links: **Eric Billingsley** stürmt auf seinem gesattelten Wildpferd aus dem Gatter, Sonoita, Arizona, 1993
Oben: **Ivan Daines** auf Lynn Beutlers gesatteltem Wildpferd Descent, das zum Pferd des Jahres gewählt wurde, Tucson, Arizona, 1969

Das Wildpferd Descent war das Pferd, das in den Jahren 1966 bis 1969 und dann noch einmal 1971 und 1972 am besten bockte. Descent gehörte den Veranstaltern Lynn und Jake Beutler sowie Mike Cervi. Es war einfach unglaublich und wirklich schwer zu reiten. Wie man auf dem Bild von Ivan Daines auf Descent sehen kann, ist er nicht mehr im Rhythmus. Das Pferd geht nach unten, deshalb sollten seine Füße vorne sein, sein Gewicht in den Steigbügeln und Zehenspitzen nach außen zeigen. Statt dessen hängt er mit den Beinen nach hinten fest, und hält sich so gut es eben geht. Wenigstens hat er die Zügel gut im Griff; deshalb geht es noch. Er muß nur wieder den Rhythmus des Pferdes finden. Manchmal läßt das Pferd eine Schulter sinken und wirft sie einem entgegen, so daß man nichts mehr hat, worauf man sitzen oder womit man arbeiten kann; dann wird man zu Boden geschleudert.

Hier kann man sehen, daß Dan Freeman sein Pferd wirklich beherrscht. Er ist Rechtshänder, wenn also seine linke Hand das Pferd irgendwo berührt, bedeutet das automatisch seine Disqualifikation.

Chuck Shepherd, der Richter rechts hinter dem Pferd, ist immer dabei. Er ist jetzt über 80 und geht nach wie vor zum Lassowerfen. Früher eigneten sich Reiter, wenn sie verletzt waren oder sich gerade von einer Verletzung erholten, gut als Schiedsrichter. Heutzutage müssen sie in Kliniken gehen; das ist gut, denn es gibt viele neue Regeln, und Rodeo ist viel komplizierter als früher. Die heutigen Schiedsrichter sind Profis; sie sind keine Konkurrenten.

Die Jungs warten hinter den Gattern auf ihren jeweiligen Wettkampf. Auf dem Bild *Waiting Room* (Wartezimmer) veranstalten sie einen regelrechten „Kaffeeklatsch". Es ist übrigens zugleich ein gutes Bild von der Vorderseite eines „association saddle", eines Sattels ohne Horn. Die Steigbügel sind an diesem Sattel nicht so weit wie bei den meisten Westernsätteln. Die Reiter sitzen auf ihrer Ausrüstung am Boden und lockern alles, z. B. das Steigbügel-Leder, ganz so wie es für sie am besten ist. Beim Reiten ist es sehr wichtig, den richtigen Rhythmus zu finden.

Deb Greenough, derzeitiger Weltmeister ohne Sattel, hat Nieten und Lederpolster, damit er den Griff je nach Wetter festziehen und lockern kann; das Leder ist wetteranfällig und muß je nach Hitze oder Kälte, Trockenheit oder Feuchtigkeit eingestellt werden.

Rechts: **Dan Freeman** von der Universität von Arizonas National Intercollegiate Rodeo Association, Tucson, Arizona, 1965

Folgende Seiten: ***Wartezimmer*** hinter den Gattern, Calgary, Alberta, Kanada, 1983

Jack Milligan, Arizona Rodeo Association, Casa Grande, Arizona, 1964

John Shea ist hier in Schwierigkeiten, denn seine Fußspitzen befinden sich hinter dem Ellbogen des Stieres, ein sehr ungeeigneter Ort. Das ist ein Zeichen leichter Verzweiflung. Im Idealfall sollten die Fußspitzen so weit nach außen wie möglich zeigen, und die Fersen in die Flanken getrieben sein. Bei nach außen gedrehten Fußspitzen bleiben die Leistenmuskeln gespannter.

Die Stiere wiegen eine Tonne. Ich hatte einmal einen auf meiner Brust, deshalb weiß ich, wovon ich spreche. Er trat direkt auf mich drauf und brach mir das Brustbein und zwei der oberen Rippen. Ich wollte gerade über einen Zaun klettern und ihm entkommen. Als er zu mir kam, saß der Reiter immer noch auf ihm, auf dem Zaun gab es wohl keinen Platz. Er war voller gesunder Cowboys, aber sie rechneten nicht mit meiner Ankunft. Ich dachte, ich käme schon noch hinaus, aber es war zu spät. Der Stier kam, nahm mich am Hintern auf seine Hörner und warf mich in die Luft. Das tat überhaupt nicht weh, ich dachte – „Oh, ist das so harmlos?“ – Aber damals hatte ich eine neue Leica, meine einzige Kamera, und sie war sehr teuer – deshalb hatte ich Angst, er würde es auf die Kamera absehen, und ich krümmte mich in der Luft um sie herum. Erst als ich wieder am Boden lag, ging der Stier wirklich auf mich los. Ich fand nie heraus, wo der Clown zu diesem Zeitpunkt war. Er hätte eigentlich etwas tun sollen. Wie dem auch sei, es kam schlimm genug, und der Stier rammte mich mit seinen Hörnern direkt in den Boden. Schließlich sprangen zwei meiner Freunde vom Zaun und lenkten den Stier von mir ab; danach zogen sie mich aus der Arena wie den Korken aus einer Flasche, klopften mir den Staub von der Kleidung und stellten mich auf die Beine. Der Ansager sagte: „Hast du das Bild, Louise, oder sollen wir ihn noch mal laufen lassen?“ Ich hatte tatsächlich ein Foto, kein besonders aufregendes; aber eines, auf dem zu erkennen war, daß es der Stier todernst meinte, und daß er direkt auf mich zuschoß.

Das war meine Feuerprobe. Und das war gut so. Ich wußte, das einzige, was ich als erste in einer Rodeo-Arena zugelassene Fotografin nicht tun durfte, war weinen oder mich verängstigt, verletzt oder auf andere Weise verzagt zu geben. Ich mußte mich genauso wie die Jungs verhalten, oder ich hätte keinen Zutritt mehr zu den Arenen gehabt. Ich brachte meine Arbeit zu Ende. Ich wußte nicht, wie schwer ich verletzt war. Ich wußte nur, daß mir das Atmen Mühe machte, aber das war alles.

Trotzdem ging ich abends ins Krankenhaus, weil ich dachte: Ich kann immer noch nicht richtig atmen, das lasse ich besser nachsehen. Ich wurde geröntgt, und man sagte mir: „Das Brustbein und diese kleinen Rippchen hier oben sind gebrochen.“ Das Brustbein besteht ja nur aus Knorpel, deshalb wird man normalerweise bandagiert. Meine weibliche Anatomie verkomplizierte das Verfahren und verwirrte den Arzt. Sie haben es jedenfalls geschafft, mich irgendwie zu verbinden. Das hielt meine Schultern nach hinten, damit die Bruchstellen nicht aneinanderrieben. Noch etwa zwei Monate danach konnte ich bei der Arbeit nicht beide Hände gleichzeitig einsetzen. Ich mußte das Teleobjektiv hochheben, mit einer Hand scharf stellen und dann zum Fotografieren herumdrehen. Aber ich werde nie vergessen, wie sich der Arzt am Kopf kratzte und überlegte, wie zum Teufel er mich bandagieren sollte!

John Shea reitet Alsbaughs Stier McKinley, Pro Rodeo Cowboys Association, Globe, Arizona 1985

AMPEDE
.CO.
SERS
UPPLY
ARIZONA

Oben: **Jeff Kobza** lenkt den Stier Sindbad weg von Jerry Beagley (auf dem Boden), nachdem Beagley 76 Punkte erreicht hatte und abgeworfen worden war, Pro Rodeo Cowboys Association, Yuma, Arizona, 1983
Rechts: **Jeff Kobza** schätzt einen Sprung über einen Stier falsch ein, Pro Rodeo Cowboys Association, Buckeye, Arizona, 1984

Rodeo-Clowns sind Lebensretter; sie sind nicht nur zum Spaß da. Stier-Springen war in den Achtzigern beliebt, wird aber heute kaum noch praktiziert. Es ist wirklich eine harte Nummer. Der Clown kann entweder Anlauf nehmen und von einem Faß springen, oder es vom Boden aus versuchen. Hier in diesem Moment schätzt der Clown Jeff Kobza die Situation falsch ein, und der Stier drehte seinen Kopf gerade zur unpassenden Zeit. So sieht man auf dem Bild, wie er heruntergeschleudert wird. Er hat's aber überstanden – zwar mit blauen Flecken, aber wohlauf.

Zu diesen Rodeo-Clowns muß man absolutes Vertrauen haben. Die Clowns für die Landesendausscheidungen (wo es zwei Clowns am Boden und einen in einem Faß gibt) werden von den Cowboys ausgesucht. Sie sind es, denen die Reiter am ehesten ihr Leben anvertrauen. Das gleiche gilt für die „pick-up men", Helfer, die nicht weniger wichtig sind als die Clowns. Wenn ein Mann auf einem bockenden Pferd Probleme bekommt, sind sie es, die hinausreiten und ihn herunter holen oder ihn aus dem Steigbügel befreien, falls er sich einmal verfangen hat.

Diese Jungs verdienen wirklich Respekt und Vertrauen. Und das ist schon fast die ganze Entschädigung für ihre Arbeit! Sie bekommen wirklich nicht viel Geld pro Auftritt. Dabei kann man sie für ihren Verdienst nicht genug entlohnen.

Oben: **Duke Haley**, vom Stier gefallen, Arizona Rodeo Association, Sierra Vista, Arizona, 1963
Links: **Buck Crofts mit Hund**, Arizona Rodeo Association, Sierra Vista, Arizona, 1966

Brian Davis „verhakt“ an seinem Riemen während der Stierkampf-Lehrling Skip Beeler versucht, das Tier abzulenken, High School Rodeo Finals, Tucson, Arizona, 1979

Oben: **David Fournier** gewinnt das Tucson-Rodeo auf Beutlers Stier, Pro Rodeo Cowboys Association, Tucson, Arizona, 1989

Rechts: **Glen Adair**, Arizona Rodeo Association, Sonoita, Arizona, 1964

Rodeo ist ein wunderbarer Ausgleichssport. Malcolm Baldridge, ehemaliger US-Handelsminister, war ein Freund von mir. Macs Lieblingsbeschäftigung, um beruflichen Anspannungen zu entfliehen, war, herauszukommen und am Mannschafts-Lassowerfen teilzunehmen, so oft es seine Zeit erlaubte. Da hatten wir also den Handelsminister draußen in der Arena, im Schlamm, und jeder machte sich über ihn lustig, da er nicht so flink wie viele der anderen war – er konnte nicht so viel üben (obwohl er in Connecticut einen Platz hatte, wo er oft Lasso warf). Traurigerweise starb Mac beim Lassowerfen in der Arena an Herzversagen. Aber er starb bei seiner Lieblingsbeschäftigung – Lassowerfen mit Cowboys. Er liebte diese Kameradschaft einfach. Niemand nimmt sich selbst beim Rodeo zu wichtig. Niemand erwartet eine Sonderbehandlung.

Zeitweise gab es Gefängnis-Rodeos. Im Staatsgefängnis gab es zwar keine speziellen Lasso-Tiere, aber importiertes Wildvieh. Auch für die Inhaftierten war das ein bedeutsamer Ausgleich. Große Zellen-Tyrannen, die im normalen Gefängnisalltag einfach kleinere Männer zusammenschlugen, gingen voller Wagemut dort hinaus und wurden nicht selten während der ersten zwei Sprünge dem Erdboden gleichgemacht. Beim Rodeo muß man es darauf ankommen lassen. Eigentlich ist es wunderbar: Man kann dabei nicht betrügen. Bist du gut, wird es sich zeigen. Bist du es nicht – vergiß es, mach etwas anderes.

Glen Adair war immer entweder in Schwierigkeiten oder ihnen gerade entkommen. Er war „Pecks böser Bube" und landete regelmäßig für kurze Zeit im Staatsknast. Einer seiner Tricks, mit der Außenwelt Kontakt zu halten, vor allem mit dem Rodeo, war folgender: Jedes Jahr gibt es über das Thanksgiving-Wochenende die sogenannte Florence Junior Parada, das älteste Junioren-Rodeo überhaupt. Das Gefängnis, welches sich in derselben Stadt befindet, schickt eine Band namens „Stars behind bars" für die Rodeo-Hintergrundmusik. Da gibt es einige völlig unmusikalische Jungs, die absichtlich zur Band gehen, damit sie für das Rodeo an jenem Wochenende Ausgang bekommen. Und Glen schaffte es immer irgendwie, bei „Stars behind bars" dabeizusein und uns Hallo zu sagen.

Stiere sind sehr flink. Man kann ihnen nicht davonlaufen. Aber wenn man einfach tief durchatmet und feststellt, daß der Stier nicht so wendig ist wie man selbst, ist man sicherer. Wenn deshalb ein Stier auf einen zuläuft, wartet man am besten ab, bis er einen fast erreicht hat, und tritt dann zur Seite oder vorwärts neben ihn.

Das einzige Mal, als ich diese Theorie ausprobierte, hatte ich die Situation überhaupt nicht im Griff. Aber dafür war ich tapfer. Der Stier zielte auf den Zaun, unter dem ich lag und in den Ring fotografierte. Tatsächlich griff er Chuck Henson an, den Clown, und erwischte ihn von hinten an der Taille, wobei er seine Nieren stauchte. Der Stier rammte ihn mit solcher Wucht gegen den Zaun, daß sogar der Zaun zerbarst; dabei handelte es sich um einen besonders stabilen Zaun, der gut im Boden verankert war. Trotzdem fiel er um. Da lag ich also auf dem Boden mit diesem Zaun auf mir. Der Stier lief um den Zaun, drehte sich dann um und kam zu mir zurück. Mir fiel kein Gebet ein, weil ich praktisch schon hinüber war, dort am Boden. Daher wartete ich bis zur letzten Sekunde und drehte mich dann einfach um. Zu dem Zeitpunkt hatten sie den Stier bereits mit einem Lasso eingefangen und weggebracht.

Einer der Richter, Jack Buschbom, kam nachher ins Büro. Ich saß da mit einer großen bananenförmigen Beule an meinem Kopf, und er sagte: „Das war ziemlich cool, dort zu liegen und sich erst im letzten Moment zu bewegen". Ich sagte: „Cool? Ich bin vor Angst fast gestorben!"

Nachdem mich dieser erste Stier erwischt hatte – der, der meine Rippen gebrochen hatte – dauerte es fast ein ganzes Jahr, ehe ich wieder fest am Boden stehen bleiben konnte. Sofort nach jedem Foto war ich weg, erklomm einen Zaun, einen Telefonmasten, einen Baum, was auch immer sich mir bot, ohne überhaupt wahrzunehmen, wie ich dort hinaufkam. Ich brauchte lange, um darüber hinwegzukommen. Im Grunde genommen war ich ein Feigling!

Stierringer-Lehrling Skip Beeler lenkt einen Stier vom gefallenen Andrew Lee und wird dafür abgeworfen, High School Rodeo Finals, Chandler, Arizona, 1967

Oben: **Conel Thurman** bekommt 73 Punkte für den Ritt ohne Sattel auf Sirocco, Pro Rodeo Cowboys Association, Cave Creek, Arizona, 1984

Rechts: **John Clementi auf Pace** bei den Turquoise Circuit Finals, Phoenix, Arizona, 1985

Ich war immer schon ziemlich sportlich, und meine Reflexe sind nicht schlecht. Mir war auch nie bewußt, wie viel körperliche Arbeit ich beim Positionieren, Hinknien und Fotografieren leisten mußte und wie schnell ich immer wieder auf den Beinen war, bis ich im letzten Winter ein verletztes Knie hatte. Das machte mich wahnsinnig. Ich konnte mich nicht hinknien oder -hocken. (Mittlerweile ließ ich das Knie erfolgreich behandeln.)

Teils ist es das Alter, teils einfach Verletzungsschaden.

Man spürt immer das Adrenalin. Jemand, der behauptet, er hätte keine Angst, wird nicht gut reiten. Wenn man sich nicht wenigstens etwas fürchtet, hat man beim Rodeo nichts verloren. Es bedeutet sowohl Respekt gegenüber dem Tier wie auch gegenüber der eigenen Leistung. Und es ist gesund. Es ist wie auf der Bühne – wie Lampenfieber. Ich glaube nicht, daß es irgendeinen guten Schauspieler oder eine gute Schauspielerin auf der Welt gibt, die kein Lampenfieber kennen. Sie sagen, es gebe ihnen die Kraft, den letzten Schwung. Sobald der Auftritt begonnen hat, geht es einem gut. Nur vorher ist man immer ein bißchen nervös.

Coors
Coors
Coors

NOTIZEN ÜBER RODEO

Veranlaßt durch die Arena-Fotografie von Luise L. Serpa

von LARRY McMURTRY

1 Der visuelle Reiz des Rodeos ist balletthaft – aber es ist ein Ballett der Fahrlässigkeit. Stiere, Wildpferde und Cowboys haben keinen Choreographen. Ihr kompliziertester Pas de deux dauert selten länger als acht Sekunden; eben genau die Zeit, die ein Reiter für die Wertung auf dem Wildpferd oder dem Bullen bleiben muß.

2 Diese Bewegungen sind nirgends besser eingefangen als in der Arena-Fotografie von Louise Serpa. Da ihre Fotografien bockender Pferde zugleich Bewegungsstudien sind, wurde sie mit dem berühmten britischen Fotokünstler Muybridge verglichen. Lotte Jacobi, eine großartige Tanz-Fotografin, wäre ein besserer Vergleich. Beim Rodeo gebührt die beste Sicht den Schiedsrichtern, den Arena-Fotografen, den Clowns und den Helfern. Sie sind alle Profis, die ihren Platz in der Arena nicht weit von den Gattern haben, wo der Pas de deux beginnt (und oft endet).

3 Das Ballett des Rodeo rührt von dem natürlichen Verlangen des Vierbeiners her, nichts auf seinem Rücken zu dulden. Bei dem ungewollten Reiter mag es sich vielleicht nur um einen Cowboy handeln, aber eben auch um einen Puma oder gar Bären. Im Falle eines Cowboys gehen acht Sekunden gerade noch, bei einem Bären jedoch wären acht Sekunden für das Pferd die Endstation.

4 Frau Serpa begann in den 60er Jahren als Fotografin des Junior-Rodeos: Grundschul-Farmhelfer auf Kälbchen. Stolze Eltern zahlten ihr 75 Cents pro Foto. Danach wechselte sie zum Highschool- und College-Rodeo – größere Farmhelfer, größeres Vieh – zum Amateur-Rodeo (die wildeste und zugleich freieste Art), und schließlich zu den Profis. 1962 sicherte sie sich die Karte, welche es ihr erlaubte, professionelle Rodeo-Wettkämpfe aus der Arena heraus zu fotografieren, und sie ist immer noch dabei, wobei sie China, Australien, die schönen Hochebenen der Prärie oder alles sonst, was ihren wählerischen Blick anzieht, nicht außen vor läßt.

5 Für meinen weniger wählerischen Blick sind Frau Serpas Fotografien bockender Pferde die bemerkenswertesten. Viele davon sind Spitzenbilder, Momente höchster Sprungkunst. Oft hat sie das Drama des gesamten Ritts eingefangen, gerade in dem Moment, in dem die Schwerkraft wieder auf den Reiter, das Pferd oder den Stier zu wirken beginnt.

6 Auf den Fotos der Wettkämpfe mit bockenden Tieren bewegen wir uns so weit, wie die Ästhetik einer Rodeo-Arena es erlaubt. Frau Serpa widmet sich auch Lasso-Wettkämpfen, wenn auch weniger eifrig, denn die visuellen Anreize sind dort nicht so hoch.

7 Die Wettkämpfe mit bockenden Tieren bringen Louise Serpa ihre besten Fotos ein, aber trotzdem hat sie die Porträtfotografie und das Umfeld des Rodeos als Augenzeugin in Hunderten von großen wie kleinen über den amerikanischen Westen verteilten Arenen nicht vernachlässigt. Ihre Arbeit, nicht so sehr nur in der Arena, sondern auch um sie herum, dokumentiert eine Subkultur, für die Soziologen vielleicht mehr Worte finden können als Ästheten.

8 Ich habe bereits über diese Subkultur geschrieben, in einem kleinen Buch namens *It's always we rambled*, das nur wenigen bekannt ist. Dabei bewundere ich das Rodeo nicht einmal, wohingegen Frau Serpa es liebt. Woody Allen hat neulich gesagt, daß das Herz will, was es will, man sollte nicht für den Gegenstand seiner Liebe kritisiert werden, sogar wenn es das adoptierte Kind seiner Frau ist.

9 Frau Serpa liebt das Rodeo, und ich mag es nicht. Statt auf das passende Sprichwort – *de gustibus non disputandum est* (über Geschmack läßt sich nicht streiten) – zurückzugreifen, dürften hier ein paar Spekulationen über unsere verschiedenen Ansichten angebracht sein.

10 Zuerst etwas Geschichte: Goetzmanns erstklassiges Buch *The West of the imagination* macht deutlich, wie unverzüglich die Erlebniswelt des Wilden Westens vermarktet wurde. Die Künstler verbündeten sich mit den Forschungsreisenden. Rodeo wie wir es kennen, ist eine Erweiterung der Wildwest-Show, und Wildwest-Shows waren beliebt, lange bevor der Westen letztendlich gewonnen war (oder verloren, wie es andere formulieren würden). Das war auch der Grund dafür, daß Buffalo Bill Cody seine Wildwest-Show verließ, um zurückzugehen und die Niederlage des Generals Custer am Little Bighorn zu rächen.

11 In unserem Jahrhundert entwickelte das Rodeo eine ortsbezogenere Variante: Ranch-Wettbewerbe oder Amateur-Rodeo. (Es gibt immer noch Ranch-Wettbewerbe, bei denen Farmhelfer-Mannschaften von den Gehöften der Umgebung gegeneinander antreten.) Statt der Wettstreiter der berühmten, um die Welt reisenden 101 Ranch, die Harlem Globetrotters des Rodeo, treten Cowboys aus der Nachbarschaft von beispielsweise Wolf in Wyoming einige Tage lang gegeneinander an, bei oft viel wilderen Wettkämpfen als jenen, die die schematisierte, strukturierte Welt des professionellen Rodeo zulassen kann. Wildkuh-Melken ist da noch ein mildes Beispiel. Lassowerfen des „Old Style", meist gesetzlich verboten, ist ein anderes. Bei diesem Wettkampf müssen ein Lassowerfer und ein Pferd einem ausgewachsenen Ochsen ein Bein stellen, ihn umwerfen und festbinden; das Bein zu stellen, ist der gefährliche Teil, und der Reiter oder das Pferd können genauso verletzt werden wie der Ochse. „Double-mugging" (doppelter Überfall), eine abgeschwächte Version mit zwei Lassowerfern und einem Tier ist das Gefährlichste, was man bei den Profis zu sehen bekommen wird.

12 Rodeo ist Showbiz, die Beziehung zur Arbeit auf der Ranch ist bestenfalls indirekt, und je mehr High-Tech in die Ranch-Arbeit einfließt, desto größer wird der Unterschied, und um so krasser tritt die stilisierte, anachronistische Natur der Wettkämpfe zutage.

13 Ranch-Arbeit ist zunächst Gemeinschaftssache. Eins-gegen-Eins-Wettkämpfe zwischen Mensch und Tier gibt es kaum. Wildpferde werden immer noch zugeritten und Kälber immer noch mit dem Lasso gefangen, aber beide Disziplinen sind im ganzen Westen im Verschwinden.

14 Buffalo Bill wurde von einigen „richtigen" Scouts verlacht, weil er in erster Linie ein Show-Mensch war, und nur zweitrangig ein „richtiger" Scout. Genauso verhält es sich mit Rodeo-Helfern und „richtigen" Ranch-Helfern oder Cowboys. Es gibt einige Gemeinsamkeiten, aber nicht viele: beide Bereiche sind zu anspruchsvoll. Einige Cowboys könnten vielleicht Rodeo-Helfer sein, und einige Rodeo-Helfer würden vielleicht als richtige Cowboys überleben, aber nicht viele. Nicht immer macht Begabung den Unterschied; häufig ist es das Temperament. Mein Vater, Zeit seines Lebens Rinderzüchter, verachtete die Rodeo-Helfer. Seiner Ansicht nach waren sie meist inkompetente Versager mit einem Mangel an Stabilität und Entschlossenheit, die einen richtigen Ranch-Helfer ausmachten. Er bewunderte Bob Crosby, den legendären Lassowerfer, und fand hin und wieder ein nettes Wort für ein paar Pferde oder für einen Kälber-Lassowerfer, aber weiter reichte seine Gnade nicht.

15 Kein einziger Arbeiter auf einer Ranch würde je einen Anlaß haben (oder das Verlangen spüren), einen Bullen oder ein Buckelrind zu reiten. Niemand würde je gefragt, auf einem Pferd um drei dreiecksförmig aufgestellte Fässer herumzureiten, für das Pferd eine Bewegung, die es schnell für produktivere Einsätze ruiniert. Stierreiten und Fässerlaufen sind Rodeo-*Kabuki*, ihre Verbindung zu jedwedem Geschehen auf einer Ranch ist eigentlich nur auf das Kostüm beschränkt.

16 Es gibt natürlich keinen Grund, warum Showbiz oder Fotografie streng oder gar prinzipiell realistisch sein sollten. Die Fotografie des amerikanischen Westens stellte von Anfang an den romantischen Weidelandschaften-Mythos dar, ganz so wie die ihr vorangehende Kunst. Wenn es ein Bild gibt, das diesen Mythos definiert, ist es Ansel Adams berühmtes *Moonrise*: *Hernandez, New-Mexico.*

17 Vor kurzem wurde ich beauftragt, Einleitungen für acht Bücher mit Cowboy- oder Weidelandfotografien zu schreiben. Ich glaube, es gibt keinen Cowboy, keinen Stiefel, keinen Küchenwagen, und kein Sattelpferd oder Hufeisen im ganzen Westen, die nicht schon mehrmals in diesem Stil fotografiert wurden.

18 In gewissem Sinne sind dies Fotografien von Gespenstern, oder einem Geisterhandwerk. Nur Millionäre können sich heutzutage Ranchen wirklich leisten, und kaum jemand kann sie bearbeiten. Das Milchvieh-Geschäft ist auch in Amerika schon lange nicht mehr rentabel.

19 Cowboys klammern sich, wie Gorillas, die spüren, daß ihre Zeit vorbei ist, immer verzweifelter an anachronistische Stile, und wollen nicht zugeben, daß der Mythos entfremdet worden ist, die Traditionen abgetragen sind bis zu einem Punkt, wo jeder Versuch, sie aufrechtzuhalten, irgendwo zwischen dumm und geradezu lächerlich anzusiedeln ist.

20 Daß ein Beruf ausstirbt, ist traurig; nicht zuzugeben, daß er dies tut, und daß er dabei fast einer Parodie gleichkommt (wofür sich alle Berufe eignen), ist noch trauriger. Nehmen wir zum Beispiel den berühmten Rancher in vierter Generation, Wally McCrae, der über viele Jahre hinweg ein Hauptdarsteller in den Marlboro-Werbespots war. Wally McCrae und einige seinesgleichen bestehen immer noch darauf, Kälber zum Brandeisen zu ziehen, statt mit modernen Methoden zu markieren. Die Leute von Montana können sich diese stilistische Genauigkeit gönnen, weil das Geld woandersher kommt, und nicht aus dem Verkauf der so markierten Kälber. Auf unserer kleinen (aber funktionierenden) Ranch in Texas hatten wir schon 1939 kein Brandeisen mehr.

21 Das Herz wählt, das Auge auch. Buffalo Bill (und ein paar andere) erfanden die Touristenranch, eine Innovation, deren tiefgreifende Wirkung auf den Ranchbetrieb der Hochebenen noch erforscht werden muß. Ich bin überzeugt, daß die Hälfte der in Wyoming und (insbesondere) Montana noch verbleibenden Ranchs nicht existieren würden, hätten nicht so viele begüterte Mädchen aus guten Familien im Osten Amerikas gegen den Osten revoltiert, indem sie sich in Cowboys verliebten. Ralph Waldo Emersons Urenkelin, Ellen Cotton, kam 1927 in einem Rolls-Royce-Cabrio in den Westen und hält es hier immer noch auf ihrer Ranch nahe Decker, Montana, aus.

22 Auf einer nicht unähnlichen Route machte sich Louise Serpa von der Chapin School auf zu den Arenen in Calgary, Pendleton und Cheyenne und bereichert von dort aus die Kunst des Fotografierens. (Der Westen wird ebenfalls bereichert – die Mädchen aus dem amerikanischen Osten brachten nicht nur ihr Geld, sondern auch ihren Geschmack mit. In Sheridan, Wyoming, wo die englische Königin oft ihre Vollblüter kauft, gibt es eine der besten Kleinstadt-Bibliotheken des Landes, welche zur Erbauung der Einwohner Redner wie Susan Sontag oder John Updike einlädt.)

23 Louise Serpa verliebte sich mit 17 in ihren ersten Cowboy, ich nahm mit 18 Abschied von dem einzigen Cowboy, der mir je etwas bedeuten konnte, meinem Vater. Für sie sind Cowboys edle Männer. Meiner Meinung nach sind sie körperlich geschickte, emotional jedoch eingeschränkte Männer, die meistens sexistisch, chauvinistisch, ausländerfeindlich, und nicht selten geistig langsam sind.

24 Foto für Foto werden Cowboys von Louise Serpa romantisiert; Roman für Roman habe ich das Gegenteil versucht, nur um herauszufinden, daß die Leute das nicht wollen. Richard Avedon stellte das gleiche fest, als er *In the American West* veröffentlichte, das erste Fotobuch, in dem ich den Westen wiedererkenne, in dem ich einen Großteil meines Lebens verbracht habe. Die Menschen in diesem Buch sind die Menschen, die tatsächlich in den kleinen Schuppen leben, über denen Ansel Adams Mond aufgeht. Der Westen ist ohne Frage prachtvoll; er ist aber auch, und oft, brutal. Auf den meisten Fotografien ist nur das Land an sich zu sehen, unbefleckt; *In the American West* zeigt die von demselben rauhen Land gezeichneten Menschen. (Avedons Buch erschien treffenderweise genau, als die Geschichts-Revisionisten den Sieg über den Westen als sowohl moralischen wie auch ökonomischen Fehler proklamierten.)

25 Die Revisionisten (Patricia Nelson Limerick, Donald Worster, u. a.) heben zu Recht die immensen Kosten der Besiedelung des Westens hervor; was sie nicht so sehr begreifen können (als Romanautor kann ich das vielleicht besser beurteilen), ist die Tatsache, daß die Lügen über den Westen mächtiger sind als die Wahrheit, so viel mächtiger, daß sie in gewisser Hinsicht zur Wahrheit werden, zumindest was den Westen unserer Vorstellungskraft betrifft.

Was ich am Rodeo, so wie es vermarktet wird, auszusetzen habe, ist, daß es beides will, Lüge und Wahrheit: Es soll wilder Westen und zugleich durchdrungen von familiären Werten sein. Die Stierreiter und Wildpferdmeister sollen nicht ausschließlich beachtenswerte Athleten sein (was sie wirklich sind), sondern auch vorbildliche Familienväter. Es genügt wohl zu sagen, daß sich die größten Athleten jeder Sportart von dieser doppelten, widersprüchlichen Erwartungshaltung immer wieder distanzieren. Das Aufsehen um Michael Jordans Spiel um Geld ist ein Beispiel der jüngsten Zeit. Der Auftritt eines Casey Tibbs erzeugt großes Rodeo; der bescheidene Kälber-Lassowerfer, der seiner Frau beim Abwasch hilft, ist ein weiterer Weg, den Westen kleinbürgerlich zu machen.

26 Ich dachte, daß *Lonesome Dove* antimythisch sei; Malory hat vielleicht das gleiche über *Morte D'Arthur* gemeint. Leser halten sich so stark an alten Mythen fest, daß sie Steine in Weintrauben verwandeln.

27 Wie man sich auf Ballett als Tanz der Schwerkraft konzentriert, hat Louisa Serpa das Rodeo in der Anmut seiner Bewegungen gewürdigt. Es sind nicht so sehr die Cowboys oder die Wildpferde und Stiere, die auf diesen Fotografien gefeiert werden: Was gefeiert wird, ist das Springen.

DANKSAGUNG

Mein herzlichster Dank gilt:
– Gene Pruett und George Williams, die genug Vertrauen in mein Können hatten (ungeachtet des Geschlechts), um mir meinen Original-Presseausweis als „offizielles Pressemitglied der *Rodeo Sports News*, mit der Berechtigung, jeglichen Teil des Rodeogeländes zu betreten", zu übergeben. Und Dave Stout, Bill Lindermann und die ganze Gang der 2929 West 19th Avenue in Denver, dem Hauptquartier der Rodeo Cowboys Association.
– Bill Crawford, Langzeit-Herausgeber der *Pro Rodeo Sports News*, für seine Freundschaft und Beratung.
– den Viehhändlern: Lynn Beutler; Walter Alsbaugh mit Frau Alice; und Karen und Harry Vold, für ihre Hilfe und Freundlichkeit innerhalb und außerhalb der Arena.
– dem Tucson Rodeo Committee, das mir 33 Jahre lang mit uneingeschränkter Unterstützung und Rücksicht begegnete.
– Jim Shepard, dem Begründer, Eigentümer und über 20 Jahre hinweg Herausgeber der *All-Around*, einer Rodeo-Zeitung für den gesamten Südwesten, daß er mich mit seinem lexikongleichen Wissen immer auf dem Laufenden gehalten hat, und stets ein Antrieb war.
– Willard Porter, Herausgeber von *Hoofs and Horns*, der mich 1963 mein erstes Zeitschriften-Titelblatt gestalten ließ.
– und schließlich den zahllosen hartgesottenen Rodeo-Familien, die mich in der Arena sorgsam beschützt und meine Fotos gekauft haben, mir zu essen und Unterkunft gaben, mich hänselten und generell über drei Generationen hinweg am Laufen gehalten haben. Ohne Euch hätte ich nicht durchhalten oder überleben können.

Aperture dankt H. Peter Kriendler für die großzügige Unterstützung.

Leitung:
Michael E. Hoffman, Roger Straus III
Lektorat:
Melissa Harris, Michael Sand, Diana C. Stoll
Michael Lorenzini, Maura Shea
Herstellung:
Stevan Baron, Sandra Greve

Die Originalausgabe **RODEO BY LOUISE SERPA** ist 1994 bei Aperture, New York, erschienen.
Die 1997 erschienene deutsche Ausgabe ist eine Koproduktion der Könemann Verlagsgesellschaft mbH, Bonner Str. 126, D-50968 Köln, und der Aperture Foundation.

Übersetzung, Redaktion und Satz:
Dr. Jörg Meidenbauer Verlagsbüro
Herstellungsleiter:
Detlev Schaper

Druck und Bindung:
Mateu Cromo

Printed in Spain

ISBN 3-89508-533-2

Vorhergehende Seiten: **Chuck Logues Ausrüstung**, Tucson, Arizona, 1984
Rechts: **David Thompson** „stürmt" auf dem gesattelten Wildpferd Big Ed aus dem Gatter, Pro Rodeo Cowboys Association, Tucson, Arizona, 1973
Folgende Seite: **Wartezimmer der Stierreiter**, Globe, Arizona, 1984
Titelbild: **Matt Martin** bei den High School Rodeo Finals, Douglas, Arizona, 1974
Letzte Seite: **Bock-Vieh**, Globe, Arizona, 1985

TUC
N ROD
lcome
TO
360